Blagues et devinettes
Faits cocasses
Charades

Conception et illustration de la couverture :
Dominique Pelletier

Conception graphique :
Monique Fauteux

Direction d'édition :
Lynda Burgoyne

100 blagues! Et plus...
N° 1

Dépôt légal : 3e trimestre 2013

ISBN-13 : 978-1-4431-3438-5

Éditions Scholastic
604, rue King Ouest
Toronto (Ontario)
M5V 1E1
www.scholastic.ca/editions

5 4 3 2 1 Imprimé au Canada 140 13 14 15 16 17

Le professeur demande à Philippe de mettre cette phrase à l'impératif :

- Le cheval tire la charrette.

Philippe répond :

- C'est facile : **Hue!**

Les gorilles tirent la langue lorsqu'ils sont en colère.

Mon premier se boit.
Mon deuxième est ce que fait le tonnerre.
Mon tout est une saison.

• • • • • • • • • • • • • • • • •

Une orange attend un citron de l'autre côté de la rue. Comme le citron hésite à traverser, l'orange lui crie :

- Presse-toi!

En 1550, des marchands européens reviennent de Chine avec une innovation : le papier peint.

Le professeur demande :

- Par quelle lettre commence « **hier** »?

Jonathan lève la main :

- Par un « **d** » monsieur.

- Tu fais commencer « **hier** » par un « **d** »? s'étonne le professeur.

- Ben, hier, on était bien **dimanche**....

AVEC QUOI FAUT-IL PRENDRE LA TEMPÉRATURE D'UN GORILLE QUI A L'AIR MALADE?

RÉPONSE : AVEC PRÉCAUTION.

Les chats utilisent leurs moustaches pour vérifier s'ils peuvent se faufiler dans des espaces étroits.

Mon premier est la deuxième lettre de l'alphabet.

Mon deuxième est la première consonne de l'alphabet.

Mon tout pleure beaucoup.

POURQUOI LES SORCIÈRES VOLENT-ELLES SUR UN BALAI ?

RÉPONSE : PARCE QU'UN ASPIRATEUR, C'EST TROP PESANT!

Les bébés merles peuvent engouffrer jusqu'à 4 mètres de vers de terre par jour.

Un vendeur de journaux crie le titre de son quotidien :

- Incroyable! **60** personnes se sont fait voler.

Un homme achète le journal. Alors le vendeur dit :

- Incroyable! **61** personnes se sont fait voler.

Alice est très fière d'elle lorsque sa maman rentre à la maison. Elle lui annonce :

- On s'est bien partagé le travail, Alex, Simon et moi. Moi, j'ai lavé la vaisselle, Alex l'a essuyée et Simon a balayé tous les débris!

Un homme voit son voisin qui monte sur sa moto.

- Pourquoi est-ce que tu portes ton **pyjama?**

- *C'est pour mieux me* **coucher** dans les virages.

On dit que lorsque Beethoven s'installait pour composer, il se versait de l'eau glacée sur la tête.

POURQUOI NICOLAS TOURNE-T-IL AUTOUR DE SON ÉCOLE?

RÉPONSE : C'EST POUR POURSUIVRE SES ÉTUDES.

Mon premier vit dans les égouts.

Mon deuxième est la dernière syllabe de bateau.

Mon tout sert à ramasser les feuilles.

Les premiers bretzels étaient si gros qu'on pouvait les enfiler autour du cou.

Ali demande à un copain :

- Qu'est ce que ça veut dire :

« I don't know »?

Son copain répond :

- Je ne sais pas !

Le professeur explique :
- Il ne faut pas avoir peur des araignées.
- Non monsieur, répond Marcus, ce sont de gentils animaux, comme vous et moi.

QUEL EST LE FRUIT QUE LES POISSONS N'AIMENT PAS?

La Pêche

Mon premier est l'endroit où l'on dort.
Mon deuxième est une note de musique.
Mon tout est une fleur qui sent bon.

Un homme mécontent
revient au magasin :
- Je viens d'acheter ce
téléphone sans fil et il ne
marche pas.
Le vendeur lui dit :
-Vous n'avez qu'à acheter
un fil!

Quatre éléphants sont à
bord d'une auto.
Lequel d'entre eux conduit?
**Celui qui a le permis
de conduire...**

QU'EST-CE QUI FAIT 999 FOIS « **Tic** » ET 1 FOIS « **Toc** »?

Un mille-pattes avec une jambe de bois!

• • • • • • • • • • • • • • • • • •

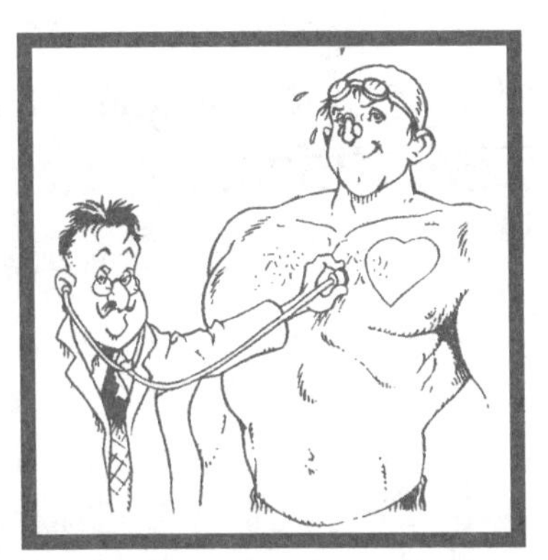

Plus un nageur de compétition a un gros cœur, meilleur il est.

Un garçon demande à son ami :

- As-tu déjà vu un éléphant rose caché derrière un arbre?

- Non, il devait être bien caché!

Deux pets se croisent. L'un demande :

- Comment a été ta journée?

L'autre répond :

- **Ahhhhhh!** **Pffffffffffffeu!**

Ce que le homard pense de l'âne :

- Il était gentil cet âne, mais quel idiot de me dire bonjour en me serrant la pince!

• • • • • • • • • • • • • • • • •

Thomas Edison avait peur du noir.

Deux poissons s'apprêtent à commettre un vol. Une étoile de mer arrive.

Ils s'enfuient en hurlant :

– Sauve qui peut, voilà le shérif!

Mon premier sert à couper du bois.

Mon deuxième sert à sentir.

Mon troisième est un adjectif possessif.

Mon tout est divertissant.

QUEL ANIMAL EST SOURD?

RÉPONSE : LE CRAPAUD, CAR IL FAIT **coâ coâ**.

Les premiers caniches tondus l'étaient pour pouvoir nager plus vite.

- Il faut trois moutons pour faire un gilet, dit une dame à sa voisine.

- Je ne savais pas que les moutons savaient tricoter!

Le nacre de la plupart des rouges à lèvres nacrés provient d'écailles de poisson.

Un client revient se plaindre chez le pharmacien.

- Votre dentifrice a un goût **affreux.**

- Et alors? Qu'est-ce que ça fait puisque vous le recrachez!

Un extraterrestre part travailler à pied.
Sa femme, étonnée, lui demande :

- Pourquoi ne prends-tu pas ta soucoupe?
- **Bof**... aujourd'hui... je ne me sens pas dans mon **assiette**.

POURQUOI LES POULES LÈVENT-ELLES UNE PATTE EN DORMANT?

RÉPONSE : PARCE QUE SI ELLES LEVAIENT LES DEUX PATTES, ELLES SE CASSERAIENT LA FIGURE!

Mon premier quitte.
Mon deuxième est la première lettre de l'alphabet.
Mon troisième tombe.
Mon tout est essentiel à l'aviateur.

Mon premier est la quinzième consonne de l'alphabet.

Mon deuxième est la cave du bateau.

Mon troisième est la première lettre de l'alphabet.

Mon quatrième sert à jouer son tour.

Mon tout est un verbe.

- Les gens devraient toujours dormir la **fenêtre ouverte...**
- Pourquoi dis-tu ça, t'es **médecin?**
- Non, **cambrioleur.**

● ● ● ● ● ● ● ● ● ● ● ● ● ● ● ● ●

Les cauchemars pendant lesquels on croit **tomber** sont les plus fréquents.

QU'EST-CE QUI TE SUIT SANS FAIRE DE BRUIT?

RÉPONSE : LES EMPREINTES DE TES PAS.

La plupart des gens enfilent d'abord leur chaussette gauche.

Deux poules amies se rencontrent :

- Comment vas-tu ma cocotte?
- Pas très bien. Je crois que je couve quelque chose.

Mon premier est la première lettre de l'alphabet.

Mon deuxième coule dans les veines.

Mon troisième est le contraire de frère.

Mon tout épargne beaucoup de fatigue.

Émilie va voir sa maman :

- Maman je me suis fait mal.
- Où ça?
- Là-bas.

Mon premier laisse une empreinte.

Mon deuxième est la fin du chien.

Mon troisième est le contraire de laid.

Mon tout sillonne les océans.

Le professeur demande :
- Qu'est-ce qui te permet de voir?
Martin répond :
- Les yeux, le nez et les oreilles.
- Les yeux d'accord mais pourquoi le nez et les oreilles?
- Ben, pour faire tenir mes lunettes!

Un cactus demande à un autre cactus :

- Tu connais le langage des humains?
- Oh oui! C'est très simple, ils disent toujours :

« Aïe! Aïe! Aïe! »

• • • • • • • • • • • • • • • • • •

- J'ai perdu mon chien, dit Madame Tremblay à sa voisine.
- Faites passer une annonce.
- Ça ne sert à rien, il ne sait pas lire...

COMMENT RECONNAÎT-ON UN IDIOT DANS UN MAGASIN DE CHAUSSURES?

RÉPONSE : C'EST CELUI QUI ESSAIE LES BOÎTES.

Un castor peut gruger un arbre de 10 cm de diamètre en environ une heure.

Marcel va voir son docteur et lui dit :

- En ce moment, je ne sais pas si c'est grave, mais j'ai des insomnies

terribles.

- Et vous vous réveillez souvent?

- **Oh oui!** Tous les deux-trois jours.

Claire dit à sa mère :

- Je suis **certaine** que j'aurai zéro en maths.

- Ah bon?

- *C'est* aussi vrai que **deux** et **deux** font **cinq!**

Samuel dit à son père :

- Nos voisins doivent être très pauvres. Ils paniquent parce que leur bébé a avalé un 25 cents!

● ● ● ● ● ● ● ● ● ● ● ● ● ● ● ● ● ●

Les chevaux peuvent dormir debout.

Magali écrit une lettre à sa grand-mère, mais fait une grosse tache.

- Tu vas recommencer, dit sa mère.

- Mais maman, une fois qu'elle sera dans l'enveloppe, on ne verra plus rien!

● ● ● ● ● ● ● ● ● ● ● ● ● ● ● ● ●

Mon premier est le plus jeune équipier du navire.
Mon deuxième résiste au lavage.
Mon tout pique.

QUEL EST LE COMBLE POUR UN ÉLECTRICIEN?

RÉPONSE : C'EST D'AVOIR DES AMPOULES AUX PIEDS.

La plupart des gens mettent d'abord leur chaussure droite.

Un homme vient de se faire renverser par une voiture. Le conducteur sort de l'auto et dit :

- Vous êtes bien chanceux,on est juste devant le bureau d'un médecin.

- Oui, sauf que le médecin, c'est moi!

La maîtresse demande à Lili :

- Quel est le pluriel de « *un beau bal* »?

- **Des bobos!**

● ● ● ● ● ● ● ● ● ● ● ● ● ● ● ● ● ● ●

Mon premier est la première syllabe de cheveux.

Mon deuxième est le verbe aller, au présent, troisième personne du singulier.

Mon troisième est synonyme d'attacher.

Mon tout vivait au Moyen Âge.

J'AI 3 TÊTES, 3 JAMBES, 1 BRAS ET 6 DOIGTS. QUI SUIS-JE?

Un menteur

Un **gros** flocon de neige tombe sur le sol à une vitesse d'environ 5 km/h.

Nicolas demande à sa mère :

- Est-ce que je peux avoir une bicyclette?

- Oui, si tu réussis à épeler le mot, je t'en offre une!

- Ben, en fait, j'aimerais mieux un vélo!

Une femme demande à son mari pourquoi il dépose un verre **vide** et un verre **plein** sur sa table de chevet.

– Parfois j'ai soif et parfois pas!

Mon premier brille dans le ciel.
Mon deuxième se boit.
Mon troisième est « noix » en anglais.
Mon tout est un explorateur.

Le professeur demande à Stéphanie :

- Que sais-tu de la règle de trois?

- Moi monsieur, je ne peux pas savoir, je suis toute seule!

• • • • • • • • • • • • • • • • • •

Les Chinois utilisaient le papier hygiénique il y a plus de 1 200 ans, bien avant qu'on « l'invente » en Occident.

La maman explique à sa petite fille :

- Si tu es sage, tu iras au ciel, et si tu n'es pas sage, tu iras en enfer.

- Et qu'est-ce que je dois faire pour aller au cirque?

QUEL EST LE FUTUR DE
« je bâille » ?

« je DORS » !

Mon premier est une chaussette.
Mon deuxième est le contraire de « rapide ».
Mon troisième est le contraire de « matin ».
Mon tout est un équipement d'aire de jeu.

Un fils demande à son père pourquoi il entre dans les toilettes avec son fusil.

- *C'est pour chasser les mauvaises odeurs!*

●●●●●●●●●●●●●●●●

Il y a des gauchers et des droitiers chez les chiens et les chats.

Un homme visite un musée. Soudain il s'arrête et dit au guide :

- Ah, c'est vraiment **horrible**!

- Mais monsieur, c'est du Picasso.

Plus loin, il s'écrie encore :

- Ah! C'est **vraiment vraiment horrible!**

Un garçon invite son ami à coucher chez lui.

- Attention, je te préviens ce lit n'est pas très solide.

- Ne t'inquiète pas, j'ai le sommeil léger!

- Mario, 5 et 5 ça fait combien? demande le professeur.

- Match nul, monsieur!

• • • • • • • • • • • • • • • • • •

Une mère téléphone au médecin tout énervée :

- Venez vite docteur, mon bébé a avalé la clé de la porte d'entrée.

Quelques minutes plus tard :

- Docteur, ce n'est plus la peine de venir, la fenêtre est restée ouverte!

Le savais-tu? La côte Est du Canada est plus près de l'Irlande que de la Colombie-Britannique.

Il faut être bon avec les animaux, explique le professeur.

- Oui, dit Caroline, il ne faut pas les traiter comme des bêtes.

Mon premier compte douze mois.

Mon deuxième est le petit de la biche.

Mon tout remplit les écoles.

Le crayon a été inventé en 1565.

JE COMMENCE PAR UN « E »,
JE FINIS AUSSI PAR UN « E »,
MAIS JE NE CONTIENS QU'UNE
SEULE LETTRE.
QUI SUIS-JE ?

RÉPONSE : UNE ENVELOPPE.

En additionnant les faces opposées d'un dé, on obtient toujours le même résultat.

Le professeur demande à Jasmine de conjuguer le verbe manger à la première personne du présent, du futur et du passé composé. Jasmine hésite :

- **Euh**, je mange, je mangerai, **euh**, **euh**,

j'ai plus faim !

Un chevalier en armure se perd dans le désert, il s'évanouit et tombe sur le sable.
Un chacal s'approche, le renifle et dit :

- Ah non! Une boîte de conserve!

- J'ai été le seul à répondre à la question du professeur!

- Et c'était quoi?

- Euh ... c'était ... Euh... « Qui a mis ces punaises sur ma chaise? »

Mon premier compte douze mois.
Mon deuxième donne des œufs.
Mon tout nous éclaire.

POURQUOI LES AIGUILLES SONT-ELLES MOINS INTELLIGENTES QUE LES ÉPINGLES?

RÉPONSE : PARCE QU'ELLES N'ONT PAS DE TÊTE.

Il est impossible de garder les yeux ouverts quand on éternue.

Le tiers de l'eau douce
de toute la planète se
trouve au Canada.

● ● ● ● ● ● ● ● ● ● ● ● ● ● ●

Est-ce que les vampires
mangent le pop-corn
avec les doigts?
**Non, ils mangent les doigts
à part.**

Dans la rue, un homme demande à une femme :

- Avez-vous vu un policier?
- Non.
- Ben alors, donnez-moi votre sac à main.

- Quand tu chantes, tu dis : « je chante », dit le professeur à Sylvie. Et quand ta sœur chante, tu dis...

- Tais-toi!

Un Canadien a battu le record du **100** mètres.

Il a parcouru **105** mètres!

Mon premier est la 4e voyelle.
Mon deuxième est un petit rongeur.
Mon troisième est un pronom personnel.
Mon tout est une manifestation météorologique.

QUEL EST LE PLAT PRÉFÉRÉ DES OPTICIENS?

RÉPONSE : LES LENTILLES!

Les chiens entendent des sons provenant de **10** fois plus loin que ceux que les humains perçoivent.

Deux **escargots** se promènent sur une plage quand ils rencontrent une **limace** :

- Demi-tour, nous sommes sur une plage de **nudistes** !

• • • • • • • • • • • • • • • • •

Deux hommes discutent :

- Tu lui offres quoi en **cadeau**, à ta femme ?

- En **cas d'eau**, je lui offre un **parapluie** !

Il y a environ **200 milliards** d'étoiles dans notre galaxie.

QUELLE EST LA DIFFÉRENCE ENTRE UN GÉNÉRAL DE L'ARMÉE ET UNE HORLOGE?

RÉPONSE : LE PREMIER A UNE **tactique**,
LA SECONDE, UN **tic-tac**!

Deux anges discutent :

- Qu'est-ce qu'ils annoncent à la météo?
- Demain ce sera nuageux.
- **Cool**, on pourra s'asseoir!

Un merle possède environ **3 000** plumes.

Le patron du chantier dit à un ouvrier :

- Pourquoi ne portes-tu qu'une seule planche, les autres en portent toujours deux à la fois?

- Oh! C'est qu'ils sont trop paresseux pour faire deux fois le trajet!

Un monsieur demande au serveur :

- Est-ce que je pourrais avoir un verre de vin?

- Du blanc ou du rouge?

- Ça n'a pas d'importance, je suis aveugle.

QUEL EST LE COMBLE POUR UN PROFESSEUR DE GÉOGRAPHIE ?

RÉPONSE : C'EST DE PERDRE LE NORD.

À Los Angeles, il y a plus de voitures que de gens.

Dans un café, un client demande au serveur un sucre pour son café.

- Mais monsieur, je vous en ai déjà donné cinq!

- Oui je sais, mais ils ont tous fondu!

Un homme est en train de se noyer :

\- **Au secours,** je ne sais pas nager!

\- Pas la peine d'en faire toute une histoire, moi non plus, je ne sais pas nager! lui crie un passant.

Un homme dit à un voisin :

- Je me suis évadé de prison!

- Pas possible! Comment as-tu fait?

- Rien de plus facile, j'ai profité d'une journée **« porte ouverte »**.

Mon premier est la plus forte carte.

Mon deuxième est plus que mauvais.

Mon troisième est la première voyelle.

Mon quatrième est la dernière syllabe de « moteur ».

Mon tout est un appareil domestique.

COMMENT APPELLE-T-ON LES PETITS D'UNE OIE?

Les noisettes.

Au restaurant, le garçon demande au client :

- Comment avez-vous trouvé le steak?

- Tout à fait par hasard, en soulevant une frite!

QUEL EST LE POINT COMMUN ENTRE UN PÂTISSIER ET UN CIEL ORAGEUX?

RÉPONSE : TOUS LES DEUX FONT DES ÉCLAIRS.

Mon premier est l'opposé de ventre.
Mon deuxième est synonyme de gentil.
Mon tout est un sympathique animal marin.

La mère demande à Paul :

- Que fais-tu?
- Rien!
- Et ta soeur?
- Elle m'aide!

QU'EST-CE QUI TANTÔT TE SUIT, TANTÔT TE PRÉCÈDE?

RÉPONSE : TON OMBRE.

QU'EST-CE QUI POSSÈDE DES DENTS MAIS QUI NE MÂCHE JAMAIS?

RÉPONSE : UNE SCIE.

Deux fantômes se croisent. L'un dit :

- Il y a un mouchoir qui traîne derrière toi!

- **Oh! C'est juste mon fils!**

Madame Landry dit à son mari :
- Bouge un peu que je passe le balai! Il faut que tout soit propre pour la nouvelle femme de ménage!

POURQUOI LES MAISONS EN ANGLETERRE NE SONT-ELLES PAS SOLIDES?

RÉPONSE : PARCE QU'ELLES SONT EN GLAISE.

Il n'y a jamais plus de trois **vendredi 13** par année.

Beaucoup de vaches produisent plus de lait lorsqu'on leur fait entendre de la musique.

Mathieu a une bonne idée pour sécher les cours :

- Allô, c'est la maîtresse? Je vous téléphone pour vous dire que Mathieu est malade.

- Et qui est à l'appareil?

- C'est mon papa!

Un petit garçon rend visite au Père Noël au centre d'achat. Le Père Noël lui demande :

– Qu'est-ce que tu veux pour Noël?

– Oh, non! Vous n'avez pas reçu ma lettre! pleure le garçon.

- Avez-vous amené au zoo le pingouin que vous avez trouvé dans la rue?

- Oui, il a bien aimé, maintenant on va au cinéma.

• • • • • • • • • • • • • • • • •

La Terre est couverte à plus de 70 % d'eau.

Mon premier est ce que tu fais à midi.
Mon deuxième est un élément du squelette.
Mon troisième est un métal précieux.
Mon tout est un animal disparu.

Un arbuste dit à un géranium :

- Espèce d'empoté!

● ● ● ● ● ● ● ● ● ● ● ● ● ●

Aucun sauteur en hauteur ne peut rester dans les airs pendant plus d'une seconde.

Proverbe chinois : « Si tu tapes ta tête contre une cruche et que ça sonne creux, n'en déduis pas forcément que c'est la cruche qui est vide. »

• • • • • • • • • • • • • • • • • • •

Le sac de papier a été inventé en 1850.

QUI SONT LES AMIS LES PLUS FIDÈLES?

RÉPONSE : LES MYOPES PARCE QU'ILS GARDENT LES CONTACTS!

Le roi a mal aux dents. Son dentiste lui dit :

- Sire, il faudrait changer votre couronne.

- Il n'en est pas question! répond le roi en colère.

C'est bien connu, les puces sautent. Mais certaines peuvent le faire de **500 à 600** fois en une heure rien que pour trouver leur repas.

Dans un cocktail, une actrice rencontre une romancière qu'elle déteste.

- J'ai beaucoup aimé votre dernier livre. Qui vous l'a écrit?

- Je suis contente qu'il vous ait plu. Qui vous l'a lu?

• • • • • • • • • • • • • • • • • • •

Deux martiens sont arrêtés à une lumière rouge.
La lumière passe au vert. L'un d'eux s'écrie :

- As-tu vu? Elle me fait de l'œil!

Il y a environ 3 000 ans, le tsar russe Pierre le Grand (« allergique » aux **barbus**) a imposé un impôt sur les **barbes** et faisait lui-même la **barbe** de ses conseillers.

Les éléphants sont les seuls animaux qui ne peuvent pas sauter.

Tant mieux!

Mon premier est la première lettre de l'alphabet.
Mon deuxième est un adjectif possessif.
Mon troisième est un aliment blanc.
Mon quatrième est l'extrémité du chat.
Mon tout est un continent.

J'AI UN DOS ET DES PIEDS, MAIS JE NE PEUX PAS MARCHER.
QUI SUIS-JE?

RÉPONSE : LA CHAISE.

C'est en 1623 que la pomme de terre a été cultivée au Canada pour la première fois.

À la fin de l'année scolaire, madame Chaput vient voir la maîtresse :

- Vous n'avez pas donné de prix à mon fils.

- Écoutez, il s'est entêté à ne rien faire.

- Et alors? Vous auriez pu lui donner le prix de l'entêtement!

QUEL AVIS PEUT-ON DONNER À UN MARIN?

RÉPONSE : UN AVIS ROND (AVIRON).

Les papillons goûtent avec leurs pattes.

QUEL EST L'ANIMAL QUI MANGE AVEC SA QUEUE?

TOUS.

AUCUN N'ENLÈVE SA QUEUE POUR MANGER.

IL SIFFLE SANS BOUCHE, COURT SANS JAMBES, FRAPPE SANS MAINS, PASSE SANS PARAÎTRE.

QUI EST-CE?

LE VENT!

L'œuf de poule le plus gros pesait un demi-kilo.

Quelle omelette !

COMMENT APPELLE-T-ON LE PÈRE ET LA MÈRE DE L'HOMME INVISIBLE?

Ses transparents.

Deux microbes se rencontrent :

- Tu es bien pâle, qu'est-ce qui t'arrive?

- Je suis malade, j'ai avalé un Tylenol.

Les **orangs-outangs** font des rots pour avertir les intrus de ne pas pénétrer sur leur territoire.

Certaines espèces de vautours laissent tomber des pierres sur les œufs des autres oiseaux pour en ouvrir la coquille et en dévorer le contenu.

Le chef cuisinier du restaurant dit au serveur :

- Enlève les « **fèves au lard maison** » des menus. Je viens de casser **l'ouvre-boîte**.

● ● ● ● ● ● ● ● ● ● ● ● ● ● ● ● ● ●

Au début du XIXe siècle, les balles de golf étaient couvertes de cuir et remplies de plumes.

COMMENT SAIT-ON QU'UN ÉLÉPHANT EST PASSÉ DANS LE RÉFRIGÉRATEUR?

En voyant les traces de pas dans le beurre.

Les oiseaux qui volent ont des os creux. Pas les manchots.

Solutions des charades

Page 4	Automne
Page 8	Bébé
Page 13	Râteau
Page 17	Lilas
Page 24	Cinéma
Page 29	Parachute
Page 30	Escalader
Page 33	Ascenseur
Page 34	Paquebot
Page 41	Moustache
Page 44	Chevalier
Page 47	Astronaute
Page 50	Balançoire
Page 56	Enfant
Page 61	Ampoule
Page 66	Orage
Page 78	Aspirateur
Page 80	Dauphin
Page 89	Dinosaure
Page 96	Amérique